BEI GRIN MACHT SICH IHR WISSEN BEZAHLT

- Wir veröffentlichen Ihre Hausarbeit, Bachelor- und Masterarbeit

- Ihr eigenes eBook und Buch - weltweit in allen wichtigen Shops

- Verdienen Sie an jedem Verkauf

Jetzt bei www.GRIN.com hochladen und kostenlos publizieren

Bibliografische Information der Deutschen Nationalbibliothek:

Die Deutsche Bibliothek verzeichnet diese Publikation in der Deutschen National-
bibliografie; detaillierte bibliografische Daten sind im Internet über http://dnb.d-
nb.de/ abrufbar.

Impressum:

Copyright © 2015 GRIN Verlag, Open Publishing GmbH
Druck und Bindung: Books on Demand GmbH, Norderstedt Germany
ISBN: 978-3-668-11209-4

Dieses Buch bei GRIN:

http://www.grin.com/de/e-book/311988/die-bruecke-von-franz-kafka-stoffsammlung-
analyse-und-interpretation

Dieter Pross

"Die Brücke" von Franz Kafka. Stoffsammlung, Analyse und Interpretation

GRIN Verlag

GRIN - Your knowledge has value

Der GRIN Verlag publiziert seit 1998 wissenschaftliche Arbeiten von Studenten, Hochschullehrern und anderen Akademikern als eBook und gedrucktes Buch. Die Verlagswebsite www.grin.com ist die ideale Plattform zur Veröffentlichung von Hausarbeiten, Abschlussarbeiten, wissenschaftlichen Aufsätzen, Dissertationen und Fachbüchern.

Besuchen Sie uns im Internet:

http://www.grin.com/

http://www.facebook.com/grincom

http://www.twitter.com/grin_com

Inhalt

Vorbemerkung:

Diese Schrift soll interessierten Schülerinnen und Schülern helfen, zu erkennen, wie sie vielleicht besser Aufsätze schreiben können. Wert gelegt wurde dabei besonders darauf, den TEXT als Grundlage jeglicher Interpretation zu nehmen. Auch auf richtiges Zitieren wurde geachtet, sowie ein <u>Kopf</u> an den Anfang gesetzt. (Die Gliederung wurde aus Zeit- und anderen Gründen nicht fertiggestellt.)

Der Umfang dieses Aufsatzes soll niemanden erstaunen: 180 Minuten haben dafür nicht gereicht, höchstens gerade für das Vorschreiben von Hand, was hier nicht dokumentiert ist! Der Verfasser hat versucht, sich in die Lage der SuS zu versetzen und der Klausuraufgabe gerecht zu werden. Das Ergebnis dieses Experimentes besteht neben dem vorliegenden Aufsatz in der erneuten Bestätigung der schon vorhandenen Gewissheit, dass die festgelegten 180 Minuten für eine Deutschklausur nicht ausreichen.

Die Brücke

1 Ich war steif und kalt, ich war eine Brücke, über einem Abgrund lag ich, diesseits waren die

2 Fußspitzen, jenseits die Hände eingebohrt, in bröckelndem Lehm hatte ich mich festgebissen. Die

3 Schöße meines Rockes wehten zu meinen Seiten. In der Tiefe lärmte der eisige Forellenbach. Kein

4 Tourist verirrte sich zu dieser unwegsamen Höhe, die Brücke war in den Karten noch nicht

5 eingezeichnet. So lag ich und wartete; ich musste warten; ohne abzustürzen kann keine einmal

6 errichtete Brücke aufhören Brücke zu sein. Einmal gegen Abend, war es der erste war es der

7 tausendste, ich weiß nicht, meine Gedanken gingen immer in einem Wirrwarr, und immer immer in

8 der Runde – gegen Abend im Sommer, dunkler rauschte der Bach, hörte ich einen Mannesschritt.

9 Zu mir, zu mir. Strecke dich Brücke, setze dich in Stand, geländerloser Balken, halte den dir

10 Anvertrauten, die Unsicherheiten seines Schrittes gleiche unmerklich aus, schwankt er aber, dann

11 gib dich zu erkennen und wie ein Berggott schleudere ihn ans Land. Er kam, mit der Eisenspitze

12 seines Stockes beklopfte er mich, dann hob er mit ihr meine Rockschöße und ordnete sie auf mir, in

13 mein buschiges Haar fuhr er mit der Spitze und ließ sie, wahrscheinlich weit umherblickend, lange

14 drin liegen. Dann aber – gerade träumte ich ihm nach über Berg und Tal – sprang er mit beiden

15 Füßen mir mitten auf den Leib. Ich erschauerte in wildem Schmerz, gänzlich unwissend. Wer war

16 es? Ein Kind? Ein Turner? Ein Waghalsiger? Ein Selbstmörder? Ein Versucher? Ein Vernichter?

17 Und ich drehte mich um, ihn zu sehen. Brücke dreht sich um! Ich war noch nicht umgedreht, da

18 stürzte ich schon, ich stürzte und schon war ich zerrissen und aufgespießt von den zugespitzten

19 Kieseln, die mich so friedlich immer angestarrt hatten aus dem rasenden Wasser.

Aus: Franz Kafka. Die Erzählungen und andere Prosa. Originalfassung. Hrsg. von Roger Hermes. Fischer Taschenbuch Verlag 1996, S. 264. © Schocken Books Inc., New York City, USA 1996

Die Brücke – Stoffsammlung

Gliederung	Text	Tempus/Modus/Grammatik/Syntax	Handlung/Folgen/inneres Geschehen
1. Zustand/Ausgangslage Aufgabe/Warten Z.1-6	Brücke ist passiv, unbeweglich:	Präteritum/Aktiv/Indikativ/Parataxe	Einsamkeit/Sinnlosigkeit der Existenz, keine
	steif, kalt, eingebohrt, festgebissen war, lag, wartete Rockschöße wehten		ohne Einfluss auf Umstände/keine Gestaltungsmöglichkeiten
	waren eingebohrt	Zustandspassiv	Objekt/Wer hat es getan?/Keine eigene Handlung/fremdbestimmt
	hatte festgebissen	Plusquamperfekt/Aktiv/Indikativ	eigene Handlung/notgedrungen, wegen bröckelnden Lehms? –eingebohrt reicht nicht/Absturzgefahr – Festbeißen nötig, um Halt über Abgrund zu sichern Hände, Füße können nicht beißen, Zähne reichen nicht zu den Seiten des Abgrunds, also: Festbeißen = Willensleistung/Status erhalten, sonst Absturz
2. Anbahnung Kontakt/Steigerung Z. 6-11	Brücke wird aktiv denken, rufen, bitten (zu mir)/Parataxe verschachtelt	Präteritum/Aktiv/Indikativ/	Verwirrung, Kontaktanbahnung Wunsch
(oder Z. 6-14, beides begründbar)	Plan machen für Änderungen		Attraktivität steigern/Pflicht /Bestimmung/Aufgabe gut erfüllen
	strecke ..., setze ..., halte ...,	Präsens/Imperativ	Erregung/ Aufgabenstellung an sich selbst/ Vorhaben, Plan/Fürsorge,
	gleiche aus ..., schleudere ... (Ausruf/Konditional)	Parataxe z.T. elliptisch	Aufgabenerfüllung /Selbstüberhöhung (gedankliche Verwandlung/ Gleichsetzung zum/mit Berggott)
	Brücke,	Apposition/Anrede	
	geländerloser Balken	Apposition/Anrede	Herabminderung/Widerspruch zu Berggott/ Selbstüberhöhung?/Sehnsucht/
	Berggott	Vergleich	Omnipotenzphantasie?

4

3. Kontakt und Katastrophe/Höhepunkt			
Z.11-10 (oder Z. 14-19, s.o.)	Brücke aktiv, aber	Präteritum/Aktiv/Parataxe	Kontakt, gegenseitige Berührung/Schmerz/Entsetzen/ Unverständnis
			Objekt des potentiellen Partners
	Anvertrauter beklopft..., ordnet..., fährt..., lässt...springt... nachträumen, erschauern		mit dem Blick des Partners eins
			Aufwachen, zurück in der Realität/Entsetzen
	[...] Selbstmörder? Versucher?	Klimax/ Fragen (Frage?)	Selbstmörder verführt Brücke und stürzt beide vernichtend in den Abgrund (Vergewaltigungstrauma?)
	Vernichter? umdrehen		Erkenntniswunsch/ Aufgeben der Bestimmung/ der Existenzgrundlage
	Brücke dreht sich um!	Präsens/Aktiv/Indikativ/Ausruf, Kommentar	Selbstwahrnehmung/Wahrnehmung des eigenen Handelns:
			Kontaktaufnahme/Blickkontakt/Sehen/Erkennen von Ursache
			für Schmerz/des Peinigers: „umdrehen": Objekt wird Subjekt= Veränderung
	Brücke zunächst noch aktiv, aber	Präteritum/Aktiv/Indikativ /Parataxe	nicht mehr verankert (eingebohrt/festgebissen unwirksam)
	ohne Handlungsmöglichkeiten (stürzte)		Halt verloren/Absturz, Kontrollverlust, Selbstaufgabe, Verlust von Handlungsmöglichkeiten, Ausgeliefertsein
	dann passiv, Brücke ist Objekt	Prät./Zustandspassiv/Indikativ/Parataxe Plusquamperfekt/Aktiv/Indikativ	Passiv=Leidensform/Erleiden von Verlust der Existenz
	Steine. friedlich [...] angestarrt hatten	Relativsatz, einziger Nebens, Inversion	Gegensatz: friedlich (zuversichtlich?)/angestarrt (starr, unbeweglich, zwingend)
			Verlust des (relativen) Friedens, Gegensatz: friedliche/zerreißende, aufspießende Kiesel
	Wasser, rasend	Partizip Präsens	lebensfeindliche, wahnsinnige(?) Umgebung (Gesellschaft?), Zustand: andauernd/unveränderbar: Protagonist ist dort angekommen, nicht unbedingt tot, aber nicht mehr ganz er selbst (zerrissen) und gänzlich unfrei (aufgespießt)

Syntax:

Parataxe, Wirkung: absolut, Charakter: Feststellung von Tatsachen, Verzicht auf Darstellung von Zusammenhängen, Bezügen, die also unausgesprochen, aber textimmanent (zwischen den Zeilen) spürbar sind

Lexik: repräsentiert Gefühle

1. negativ: steif, kalt. eisig, lärmte, unwegsam: Abwesenheit menschlichen Kontakts/Wärme

2. Tendenz ins Positive: Verwirrung weicht Erregung (wärmt), wenngleich mit negativer Vorahnung („dunkler rauschte"), durch neues Geräusch („hörte ich einen Mannesschritt")/Kontakt/Aufhebung der Einsamkeit und Sinnlosigkeit - Aktivität entsteht: Ausrufe, Bereitmachen für Vorhaben, Selbstaufforderung zur Aufgabenerfüllung („halte den Anvertrauten")

3. Kontakt: Brücke noch nicht in Ordnung („Rockschöße und ordnete sie") dennoch: Brücke gedanklich verbunden mit dem „Anvertrauten" („träumte [...] ihm nach") dann Erschauern, wilder Schmerz, Unwissenheit, Erkenntnissuche („Wer war es?) ohne Ergebnis*, stattdessen Selbsterkenntnis: Ausruf „Brücke dreht sich um!" Ist es das Beklagen/Feststellen eines Fehlers/einer Idiotie oder die Bekundung einer eigenständig vollzogenen Veränderung? Ist es Ironie oder das Benennen eines Paradoxons? (* indirekte Antwort: Selbstmörder, Versucher, Vernichter, da vermutlich beide stürzen)

Deutungshypothese: ... stellt Kafka ein tragisches Beziehungsmuster dar, gemäß dem der Ich-Erzähler, dessen Lebenssituation von Einsamkeit und Zerbrechlichkeit geprägt ist, im Anfangsstadium einer Beziehung zum leidenden Objekt des ersehnten Partners wird und beim Versuch, diese Rolle zu verändern, seine Existenzgrundlage verliert, womit K. schreibend ein erlittenes Trauma zu bewältigen suchen könnte.

Name:

Datum:

Semester:

Fach:

Klausur Nummer:

Aufgabenstellung:

Gliederung:

1. Einleitung, „Die Brücke"
1.1. Aktuelle Relevanz: Probleme des Individuums
1.2. Deutungshypothese: Bewältigung eines Traumas
1.3. Inhaltsangabe
2. Hauptteil: Analyse und Interpretation
2.1. Erzählperspektive
2.2 usw.

Vorschlag: Interessierte Schülerinnen und Schüler vervollständigen zur Übung die Gliederung.

„Die Brücke" (1917) von Franz Kafka, Analyse und Interpretation

Grundlegende Fragen des Lebens, seines Sinns, der Moral, Fragen zur Situation des Individuums in der Gesellschaft, problematische Beziehungen zwischen Menschen haben Künstler aller Formen der Kunst thematisiert, um Antworten auf die offenen Fragen zu finden und diese darzustellen. Dies tut auch Franz Kafka in „Die Brücke", deren Bedeutung daher nach vorläufigem Eindruck auch in der Gegenwart der 21sten Jahrhunderts für den Leser relevant ist.

In der Kurzprosa „Die Brücke" aus dem Jahre 1917 stellt Kafka ein tragisches Beziehungsmuster dar, gemäß dem der Ich-Erzähler, dessen Lebenssituation von Einsamkeit und Zerbrechlichkeit geprägt ist, im Anfangsstadium einer Beziehung zum leidenden Objekt des ersehnten Partners wird und beim Versuch, diese Rolle zu verändern, seine Existenzgrundlage verliert, womit der Erzähler schreibend ein erlittenes Trauma zu bewältigen versuchen könnte, das in der Erfahrung der Unerfüllbarkeit der Bedürfnisse und der Ausweglosigkeit der eigenen dramatischen Lebenssituation besteht.

Der Ich-Erzähler existiert über einen unbestimmten Zeitraum als Brücke über einem Abgrund in einer unwirtlichen unberührten Gebirgsregion, bis sich ihm eine männliche Person nähert, der er ein sicheres Überqueren des Abgrundes ermöglichen möchte. Der unerwartete Sprung des Ankömmlings auf den Körper des Erzählers lässt diesen nach der Identität des Mannes fragen und eine Drehung vollziehen, was zum Absturz, zur Zerstörung und zum Ende seines Daseins als Brücke führt.

Wenngleich der Titel des Textes „Die Brücke" lautet, wird aus der Perspektive dessen erzählt, der einst „Brücke" gewesen ist. Der Erzähler „[…] war eine Brücke" (Z.1), ist dies jedoch am Ende der Erzählung nicht mehr, sondern ist hier „[…] zerrissen und aufgespießt […]" (Z. 18). Die Existenz des Textes beweist, dass der Erzähler in der Gegenwart des Verfassens des Textes nicht Brücke ist, sondern Literat, bzw. Chronist und Analytiker eines vergangenen Abschnitts aus seinem Leben. Damit liegt es auch nahe, „Brücke" als Bild zu nehmen für die Verfassung des Erzählers in dem Lebensabschnitt, den er in diesem Text thematisiert.

Entsprechend erfolgt der Gebrauch der Tempi: Die Berichterstattung über den Lebensabschnitt, in dem er als Brücke „ […] lag […] (Z.1), steht im Präteritum, die kurzen reflektierenden Passagen wie „ohne abzustürzen kann […]", (Z.5), „ich weiß nicht", (Z.7), „Brücke dreht sich um!", (Z.17) stehen im Präsens.

Seine Existenz als Brücke beschreibt der Erzähler im ersten Teil des Textes (Z.1 – 6) als einen passiven Zustand bloßen Seins (vgl. Z.1) und Wartens (vgl. Z.5) Die gebrauchten Verben zeigen Zustände an und mit „ich musste warten" (Z.5) eine verordnete, durch die Umstände erzwungene Untätigkeit. Eigene Aktivität in „[…] ich [hatte] mich festgebissen", (Z.2) ist vergangen, ist in der Vorzeitigkeit des Plusquamperfekt beendet. Ein geringes, aber bedeutendes Maß an Aktivitätspotential liegt im Verb warten, weil es auf Zukünftiges weist, das geschehen kann oder soll. Es offenbart, dass der Erzähler während dieses Zustands als Brücke Vorstellungen besitzt, Gedanken oder Gefühle, die über den aktuellen Zustand der Passivität hinausgehen. Das Warten beinhaltet demnach Zweierlei: den aktuellen Zustand der Untätigkeit und einen möglichen, erhofften oder erwarteten anderen, zukünftigen Zustand. Dabei ist der Gebrauch des bereits oben zitierten Modalverbs müssen von Bedeutung (vgl. Z.5), weil es in der Wiederholung, Steigerung und Präzisierung von „ich wartete" (Z.5) die Zwangslage des Erzählers in seinem Dasein als Brücke verdeutlicht und nahelegt, dass das Wartens nicht freiwillig erfolgt und seine Beendigung, bzw. das Herbeiführen des Zukünftigen nicht im Entscheidungsspielraum oder im Bereich der Handlungsmöglichkeiten des Erzählers in diesem Stadium seines Lebens liegt. Eine Abhängigkeit von außer ihm liegenden Faktoren ist damit benannt.

Diese Abhängigkeit kommt auch zum Ausdruck in dem Hauptsatz „diesseits waren die Fußspitzen, jenseits die Hände eingebohrt" (Z. 1-2), der zur Beschreibung des Zustands gehört, welcher hier grammatisch als Zustandspassiv anzusehen ist. Es verweist auf eine anonyme Macht, die „eingebohrt" *hat*. Auf diese erfolgt ein weiterer Hinweis, als der Erzähler am Ende der Zustandsbeschreibung sagt: „ohne abzustürzen kann keine einmal errichtete Brücke aufhören Brücke zu sein." (Z. 5-6). Etwas hat also nicht nur „eingebohrt", sondern auch „errichtet", wenngleich „errichtet" grammatisch ebenfalls Zustandspassiv, da auf „Brücke" (Z.6) bezogen ist, wobei das Einbohren als Verankern einer Brücke, bzw. ihrer Pfeiler Teil des Errichtens einer Brücke ist. Der Erzähler ist demnach Objekt des Handelns einer nicht genannten anonymen Macht. Die Möglichkeit, dass der Erzähler sich selbst „eingebohrt" und „errichtet" hat, wird vorläufig ausgeschlossen.

Hier ist es angebracht, die oben bereits erwähnte, in der Vorzeitigkeit erfolgte und im Plusquamperfekt präsentierte Handlung des Erzählers zu betrachten: „in bröckelndem Lehm hatte ich mich festgebissen." (Z.2) Der Erzähler ist damit Subjekt eigenen Handelns, beißt sich fest, nachdem „Fußspitzen" (Z.2) und „Hände" (Z.2) „eingebohrt" sind. Die Chronologie ergibt sich aus der Reihenfolge der Tätigkeiten (vgl. Z.1-2). Die Antwort auf die Frage, warum das Subjekt die als Objekt erfahrene, fremdbestimmte Festlegung auf eine Form der

9

Existenz freiwillig durch Festbeißen zementiert, wird durch die Beschaffenheit des Grundes, in dem die Brücke als Bild der Existenzbedingungen des Erzählers verankert ist, erklärt: „in bröckelndem Lehm" (Z.2) ist fester Halt auf Dauer nicht möglich. Die Existenz ist bedroht. Physikalisch und räumlich ist „hatte festgebissen" allerdings eine Handlung, die unmöglich ist, da im Bild der Brücke als eines Körpers in Menschengestalt Hände und Füße ausgestreckt beidseitig des Abgrunds verankert sind und der Mund mit seinen Zähnen nicht die Wände des Abgrunds erreichen kann. „[H]atte festgebissen" muss demnach im übertragenen Sinn als Willensleistung verstanden werden, mit deren Hilfe die muskuläre Körperkraft das unsichere Fundament der Existenz ausgleicht. Beißen ist nicht zufällig gewählt, da dabei enorme Kräfte wirken. Das aktive „hatte festgebissen" ergänzt das passive „waren [...]eingebohrt" und mit Willens- und Körperkraft wird die instabile Existenzgrundlage im Status Quo erhalten. Eine Anstrengung größten Ausmaßes ist dazu notwendig, Stillhalten ebenso und führt unweigerlich zu Verspannung, Versteifung, Unbeweglichkeit und Frieren. Entsprechend beschreibt der Erzähler seinen Zustand als „steif" (Z.1), „eingebohrt", (Z.2), „festgebissen", (Z.2) und „kalt" (Z.1).

Letzteres ist auch bedingt durch die Umgebung, deren Eigenschaften auf Kälte hindeuten: In „[...] dieser unwegsamen Höhe" (Z.4) herrschen niedrige Temperaturen, verstärkt Wind, wie man an den wehenden Rockschößen sieht (vgl. Z. 2-3) die Kälte. Entsprechend führt der „[...] der eisige Forellenbach" (Z.3) kaltes Wasser. Eine weitere Eigenschaft der Umgebung ist – sieht man vom Erzähler ab – ihre Unberührtheit infolge ihrer menschenfeindlichen Kälte und Unzugänglichkeit, sodass niemand, „ [...] sich zu dieser unwegsamen Höhe [verirrt...]" (Z.3-4), diese besucht, es sei denn irrtümlich, solange „die Brücke [...] in den Karten noch nicht eingezeichnet" (Z.4-5) ist. So wird die herrschende Kälte für den Erzähler ergänzt durch Einsamkeit und Aussichtslosigkeit seiner Lage, da niemand von seiner Existenz in dieser Lage weiß. Er ist vollständig isoliert. Die Abwesenheit von Menschen korreliert mit der Abwesenheit von Wärme, was nahelegt, das angedeutete Bild der Brücke genauer zu bestimmen. „Brücke" ist nicht nur Bild, sondern auch Metapher, die als rhetorische Figur nicht nur den Erzähler bezeichnet, sondern den Gesamtzustand, in dem sich der Erzähler in diesem Lebensabschnitt befindet. „Brücke" ist aber auch Name dieses Zustands und repräsentiert diesen. Sprachwissenschaftlich gesehen ist „Brücke" damit Signifikant, der auf das Signifikat, den oben genannten Gesamtzustand zeigt. Psychologisch, bzw. psychoanalytisch gesehen ist „Brücke" Symbol einer alle Erlebens- und Handlungsmöglichkeiten des Erzählers bestimmenden Interaktionsform. Bestandteile dieser Interaktionsform, bzw. des Gesamtzustandes des Erzählers sind alle im Präteritum und

Plusquamperfekt stehenden Passagen des Textes. Wird „Brücke" so verstanden, hat sich der Erzähler in der Lebenswirklichkeit nicht als Brücke im Gebirge befunden, sondern als Mensch unter Menschen, unter denen er nach einem möglicherweise nicht nur von ihm selbst, sondern auch von außerhalb seiner selbst befindlichen Faktoren bestimmten, und das heißt erzwungenen Muster lebt. Dementsprechend besitzt das Bild von der Brücke als Ding, Gegenstand oder physikalischer Körper alle Merkmale eines Menschen: Hände, Füße, Mund, Ohren („hörte ich", Z.8), Sprache („Zu mir", Z.9) Wunsch („Zu mir, zu mir", Z.9), Traum („träumte ich ihm nach", Z.14), Gefühl („ich erschauerte", Z.15), Empfindung („Schmerz", Z.15), Verstand („gänzlich unwissend. Wer war es? […]", Z.15-16), Tatkraft („Und ich drehte mich um", Z.17). Unter Menschen – im Bild der Brücke müsste man `über` sagen – aber in größter Isolation, ohne jede Beziehung, die Kälte in Wärme verwandeln könnte, bleiben ihm nur das anstrengende Verharren in der einzig möglichen Position, nicht dem psychischen Chaos, das er ständig vor Augen hat, ausgeliefert zu sein, „dem rasenden Wasser", (Z.19). Dies lässt sich daraus schließen, dass er sich später umdreht, um „zu sehen" (Z.17), und aus der übertragenen Bedeutung von „rasend[…]": Er blickt nach unten auf das „rasende[…] Wasser", das seinerseits in diesem gedanklichen Zusammenhang sowohl positiv als leidenschaftlich als auch negativ als verrückt angesehen werden kann. Der Bach „[i]n der Tiefe" (Z.3) ist aktiv, er „lärmt[…]" (Z.3), enthält Leben, nämlich Forellen (vgl. Z.3). Wasser als Lebensspender steht hier, weil es rast und Lärm macht, gleichermaßen für leidenschaftliches Leben und Verrücktwerden, dem der Erzähler entgeht, indem er auf seine Weise, so wie eine Brücke, einen Fluss überspannt, Distanz dazu wahrt, und zwar unverrückbar, aber mit ständiger Fixierung darauf. Alle genannten Eigenschaften des Wassers sind dem Erzähler von Anfang an bewusst: Es ist „eisig[...]", „lärmt[...]", und – zeitlich aufgrund des Anstarrens im Plusquamperfekt (vgl. Z.19) mit einzubeziehen – es ist „rasend[...]". Es bildet in jeder Hinsicht den Gegensatz zu der Existenz des Erzählers in „dieser unwegsamen Höhe" (Z.4) Zusätzlich gehören zur Zustandsbeschreibung, erkennbar am Plusquamperfekt, auch die Eigenschaften der Kiesel, die den Erzähler „friedlich […] angestarrt hatten" (Z. 19). Das eher verunsichernde Potential des Anstarrens mit der Starre des Blicks steht im Widerspruch zu „friedlich", womit auch in diesem Bezug das Abzuwehrende dominiert. Der Erzähler blickt also auf etwas, das insgesamt nur Eigenschaften für ihn hat, denen er nicht aufgeschlossen ist, und hält sich deshalb fern, bzw. wird ferngehalten.

Der Bach dient in zweifacher Hinsicht: Bleibt man im Bild von der Brücke in der Bergregion, können seine Eigenschaften herangezogen werden zur Bestimmung der klimatischen Bedingungen in der Bergregion. Kälte und Unruhe sind das Ergebnis. Verlässt man das Bild, so repräsentiert der Bach eine Umgebung außerhalb seines Betrachters, deren Eigenschaften den Erzähler bewegen, sich zu distanzieren. Dies sind Eigenschaften, die klimatisch noch härter sind, nun aber vom Betrachter nicht im meteorologischen, sondern im sozialen Bezug als System von Beziehungen als eisig[...]" angesehen werden, dem er die „kalt[e]" Einsamkeit vorzieht. Diese Sicht auf das Leben unter (*über*) Menschen bestimmt die Umstände des Daseins in kontinuierlicher Abgegrenztheit.

Wenngleich die vorangegangenen Überlegungen der Einsamkeit einen Sinn zuschreiben, ist damit noch nicht gesagt, dass auch ein Lebenszweck erfüllt ist. Kehrt man zum Bild von der Brücke zurück, so muss man ihren eigentlichen Zweck bedenken. Eine Brücke wird gebaut, weil sie gebraucht wird zur Verbindung des Getrennten, hier befindet sie sich über einem Abgrund, der durch ihre Existenz überschritten werden kann. Wird sie nicht benutzt, ist sie sinnlos. Diese Sinnlosigkeit trifft auch für die Brücke in dieser Erzählung zu, denn die Zustandsbeschreibung enthält keinen Hinweis darauf, dass die Brücke benutzt wird. Einsamkeit und Sinnlosigkeit sind demnach wie die Abwesenheit menschlicher Wärme und die Notwendigkeit permanenter Anstrengung, den Halt in dieser Lage zu wahren, bestimmende Faktoren der Existenz des Erzählers. Und selbst wenn all dies den Zweck erfüllt, sich von noch Schlimmerem fernzuhalten, bleibt das erzwungene Warten auf Zukünftiges, das zeigt, dass der beschriebene Zustand nicht befriedigend ist. Die Frage ist, worauf gewartet wird.

Steht das Warten für Erwarten oder Hoffen auf eine Veränderung, so verwundert es nicht, wenn der Erzähler die Berichterstattung über das Vergangene unterbricht und in der Gegenwart des Schreibens, im Präsens, in reflektierender Position das Vergangene beurteilt und verkündet, welche Veränderung, auf die das Warten zielt, möglich ist, bzw. nicht: „[O]hne abzustürzen kann keine einmal errichtete Brücke aufhören Brücke zu sein." (Z.5-6) Dies liest sich wie eine Gesetzmäßigkeit: Kein Rückbau, keine Verwandlung, kein Eintauchen in die menschliche Gemeinschaft sind denkbar, nur Absturz und Zerstörung. Wenn Absturz die einzige Möglichkeit ist, die Existenzbedingungen zu verändern, ist Warten Verzicht auf eigenes Handeln, damit aussichtslos und zwangsläufig ein Warten auf den Absturz. So benennt der Erzähler in der Gegenwart des reflektierenden Schreibens und in Kenntnis des Endes des Geschehens die Situation und beendet damit den ersten Teil der Erzählung. Es könnte das Ende der Erzählung sein, ist es aber nicht, weil der Erzähler an dieser Stelle des vergangenen Geschehens noch auf das wartet, was erst im Rückblick als unmöglich begriffen werden kann: Eine andere Option an Stelle der einzig möglichen, nicht dahin zu kommen, wohin er nicht kommen will, aber kommen muss, eine Lösung außerhalb der Gesetzmäßigkeiten seiner Existenz, ein Durchbrechen des Musters.

Der Erzähler selbst offenbart, dass dieses Warten nicht von klarem Verstand gesteuert ist, wenn er zu Beginn des zweites Teils des Textes (Z.6-11) in der Gegenwart des Schreibens zunächst bekennt, dass er sich nicht genau erinnert, an welchem „Abend" (Z.6) etwas Besonderes geschieht. Auf „Einmal am Abend" (Z.6) folgt durch Komma abgetrennt ein Einschub, der zunächst den Eindruck macht, als solle genauer bestimmt werden, um welchen Abend es sich handelt, dann wäre es eine Apposition. Jedoch wird nichts Genaueres über den Abend aussagt, sondern über den Erzähler. Und so wird der Einschub zu einer Parenthese. Es handelt sich um die Frage nach dem Zeitpunkt, an dem das Geschehen seine Fortsetzung findet, die der Erzähler sich nicht beantworten kann, er „weiß nicht, war es der erste war es der tausendste", denn „[s]eine Gedanken gingen immer in einem Wirrwarr, und immer immer in der Runde – " (Z.7-8) und liefert damit sogleich den Grund dafür. Daran erinnert er sich also: Sein Geisteszustand im Zustand des Wartens ist verwirrt und sein Denken verläuft im Kreis, es ist damit dauerhaft (dreifach „immer") außer Kraft gesetzt, ist nie in Kraft gewesen, als sich das Unmögliche scheinbar doch anbahnt. Der Erzähler hat unter den geschilderten Bedingungen seiner Existenz jedes Zeitgefühl verloren und ist gänzlich desorientiert, sein Verstand versagt vollständig, ist schwachsinnig, denn anders lässt sich nicht erklären, warum er fragt, ob „[…] es der erste […]"(Z.6-7) gewesen sei, nachdem er zuvor vom Warten, der Kälte gesprochen und einen Zustand von Dauer beschrieben hat, weswegen es ja auch „der tausendste" gewesen sein könnte. In der rückblickenden Reflexion folgt auf die beschriebene Erklärung für den Grund des Vergessens des Zeitpunktes nach „Runde" (Z.8) ein Gedankenstrich, hier, am Ende der Parenthese, kein Komma wie an ihrem Anfang. Die Interpunktion ist also auch ein wenig „Wirrwarr" (Z.7), die Syntax auch, Apposition oder Parenthese, egal. Der Gedankenstrich steht für den Versuch, sich zu erinnern und heraus kommt nur eine vage Präzisierung. Aus „Einmal am Abend" (Z.6) wird „ – gegen Abend im Sommer" (Z.8).

Das aber passt ins Bild der bislang unrealistischen Erwartung der Veränderung: Sommer bedeutet Wärme, der Bach führt mehr Wasser, Schmelzwasser wohl lässt den Forellenbach „[d]unkler rausch[en]" (Z.8), d.h. tiefer klingen. Er „lärmt[...]" nun nicht mehr, er „rauscht[...]" jetzt und eine unbekannte Person nähert sich mit „eine[m] Mannesschritt" (Z.8), den der Erzähler „hört[…]" (Z.8). Wengleich das dunkle Rauschen des Baches auch als düstere Vorahnung verstanden werden kann, da der Text keinen Hinweis auf geschmolzenes Eis enthält, spricht doch das Rauschen für eine positive Veränderung im

Inneren des Erzählers. Lässt man angesichts des Rauschens die Assoziation *berauschen* zu, so erscheint die folgende Passage des Textes leicht verständlich. Die sich anbahnende Veränderung der Lage durch das eigentlich Unmögliche, dass nämlich ein Mensch „zu dieser unwegsamen Höhe" (Z.4) gelangt und dem Erzähler so Nähe und Wärme bringt, und zwar zu den Bedingungen, die der Erzähler setzt, indem er seine Position in der Distanz zum Leben „in der Tiefe" (Z.3) beibehält und „wartet[...]", versetzt den Erzähler in starke Erregung. Auch Erregung wärmt.

Der Ausruf „Zu mir, zu mir" (Z.9) mit seinem zweifachen Imperativ zeigt das starke Bedürfnis, eine Sehnsucht nach Nähe. Die folgende im Imperativ an sich selbst gerichtete Rede gleicht einer Reihe von Befehlen, mit denen sich einer Klimax ähnlich die Inhalte der Befehle und damit die Ansprüche an sich selbst steigern: „ Strecke dich Brücke, setze dich in Stand, geländerloser Balken, halte den dir Anvertrauten, die Unsicherheiten seines Schrittes gleiche unmerklich aus, schwankt er aber, dann gib dich zu erkennen und wie ein Berggott schleudere ihn ans Land." (Z.9-11).

Die Sehnsucht nach Nähe wird ein zweites Mal, nun noch verstärkt dadurch deutlich, dass aus „Mannesschritt" nun der „Anvertraute[...]" geworden ist, ohne dass ein Kontakt überhaupt zustande gekommen wäre. Innerlich ist der Erzähler schon beim Ankömmling, die Nähe schon hergestellt, wobei das namengebende nominalisierte Partizip „[a]nvertraut[...]",(Z.10) wiederum nicht die Identität verrät, was für die Illusion von Nähe spricht. Die Phantasie verklärt die Realität. Zusätzlich ergibt der Gebrauch des Partizips die Frage, wer „[a]nvertraut[...]" *hat*. Der Ankömmling, der Erzähler selbst oder ein Dritter, eine dritte Instanz, nämlich die, die auch „eingebohrt" *hat*?

Aus dem Wunsch nach Nähe („Zu mir, zu mir") wird ein Plan, wie dem Ankömmling sicher über den Abgrund geholfen werden kann. Daraus sprechen Fürsorglichkeit und der absolute Wille, zu Diensten zu sein, die Ablehnung zu vermeiden. Diese wird befürchtet, was die Apposition „geländerloser Balken" (Z.9) zeigt, weil darin ein negatives Selbstbild zum Ausdruck kommt, ergänzt durch den Imperativ „setze dich in Stand" (Z.9). Er genügt sich selbst nicht und meint auch äußeren Ansprüchen bei fehlendem Geländer nicht genügen zu können. Diese Sicht des eigenen Mangels, wird in der Euphorie des Rausches jedoch nicht länger bedacht, sondern hinweggefegt. Auf den Instandsetzungsbefehl folgen Befehle für verschiedene Szenarien und die abschließende Vorstellung, den Ankömmling als „Berggott" zu retten. Die „Brücke", nur „geländerloser Balken", vergleicht sich mit einem Berggott (vgl. Z.11), setzt sich dem gleich. Das zunächst negative Selbstbild wird ins Göttliche gewendet, was eine Leistung der Phantasie ist, gleichzeitig eine Phantasie eigener

14

Omnipotenz, die Realität verkennend und ihr widersprechend, was einer Selbstüberhöhung und Selbstüberschätzung gleichkommt. Dies ist Ausdruck der Hoffnung auf Veränderung, der Sehnsucht danach und Ausdruck größter Erregung, die ihrerseits durch die sich anbahnende Veränderung in Erwartung des Ankömmlings entsteht und gesteigert wird durch seine vom Erzähler vollzogene Verklärung zum „Anvertrauten".

Syntaktisch wird diese Erregung, zählt man die Ellipsen „Zu mir, zu mir" dazu, durch acht Imperative verdeutlicht, wovon sechs in einem Satzgefüge mit sechs zunächst kurzen, dann längeren Hauptsätzen und einem elliptischen Konditionalsatz auftreten und wie einhämmernd und gleich einer Klimax die Ansprüche und die eigenen Handlungsmöglichkeiten ins Unermessliche steigernd die phantasierten Szenarien mit den jeweiligen Handlungsanweisungen darlegen. Aber das phantasierte sichere Geleit für den „Anvertrauten" beinhaltet nur eine einseitige Vorleistung, als ob der Erzähler nur darin seine Bestimmung, der nachkommen zu können er herbeisehnt, sieht und nicht in einer Beziehung, in der auch er etwas von einem Partner empfängt. Das Finden und Spüren menschlicher Nähe und Wärme, eine gelingende Interaktion in gleichgewichtigem, wechselseitigem Bezug oder in gegenseitigem, liebevollem Annehmen stellen eine andere Qualität dar, als der Erzähler als „Brücke" sich ausmalen kann. Zu Diensten sein, darauf ist er beschränkt.

Interessant ist in diesem Zusammenhang, dass das, worauf der Erzähler gewartet hat, von dort kommt, wohin er aufgrund seiner Lage nicht blicken kann: Hinter seinem Rücken geschieht, was er nur hören kann. Er kann also nicht sehen, nicht erkennen und nicht wissen, worauf er wartet oder auch, was ihn erwartet. Es fehlt ihm die Perspektive für die bewusste Gestaltung von Beziehungen, die über das, was er kann, hinausgeht. So bleibt nur die Dienstbarkeit. Und diese dem Erzähler innewohnende Art der Gestaltung von Beziehungen wird durch die sich nähernde Person wachgerufen. Sie aktiviert den Erzähler, wenngleich zunächst nur seine Phantasie, beendet seine Passivität und seine Desorientierung, sodass der Erzähler sich in der Gegenwart des Schreibens auch wieder an den Fortgang des Geschehens erinnern kann. Aus Zustand wird Prozess.

Dies spiegelt sich wider in der Syntax. Zwar ist die gesamte Erzählung im parataktischen Stil geschrieben. In der Zustandsbeschreibung des ersten Teils jedoch erscheinen die Hauptsätze einer Aufzählung gleich als Beschreibung der Zustandsbedingungen, deren Auswirkungen für den Erzähler mit der einzigen Zusammenhänge benennenden grammatischen Bezugnahme „So lag ich" (Z.5) dargestellt werden. Mit Beginn des Handlungsprozesses erscheinen die Hauptsätze ineinander verschachtelt. Es gibt eine eingeschobene Frage („ war es der erste […]", Z.6-7), einen Ausruf

(„Zu mir", Z.9), gleichzeitig Ellipse, Appositionen („Brücke", „geländerloser Balken", Z.9) eine elliptische Konditionalkonstruktion („schwankt er aber", Z.10), zwei Partizipialkonstruktionen („wahrscheinlich weit umherblickend", Z.13, „gänzlich unwissend", Z.15), eine Parenthese („– gerade träumte ich ihm nach über Berg und Tal –", Z.14), Fragen („Wer war es? […], Z.15-16), eine Aufzählung (Ein Kind? Ein Turner? […], Z. 15-16), Konjunktionen, z.B. „dann" und „und", (Z.14) und am Ende mit „die mich so friedlich immer angestarrt hatten aus dem rasenden Wasser" (Z.19) sogar einen Relativ-, bzw. Attributsatz. Die Syntax ist damit von Beginn des zweiten Abschnitts (Z.6) bis zum Ende deutlich bewegter und entspricht der Bewegung im Inhalt des Textes.

Wenn der parataktische Stil dazu dient, durch Verzicht auf Zusammenhänge darstellende und differenzierende Nebensätze lediglich für sich sprechende Tatsachen zu präsentieren und damit dem Erzähler ermöglicht, besonders überzeugend und klar sein Anliegen darzustellen, so trifft dies in diesem Text durchaus zu, wenngleich im umgekehrten Sinn: Die präsentierte Wahrheit beinhaltet das Geschehen, aber – durch und mit den Verzicht auf differenzierende und Zusammenhänge herstellende Nebensätze – auch die Unkenntnis, das Unverständnis der Lage des Protagonisten. Er kennt die Zusammenhänge zwischen den Bedingungen seiner vergangenen Existenz und den Ursachen dafür nicht, auch nicht die Möglichkeiten, die Lage zu verändern. Deutlich wird dies besonders an der bereits untersuchten Textstelle (s.o.) zu Beginn des zweiten Abschnitts der Erzählung (Z.6ff), an Fragen (vgl. Z.15-16) und an „Brücke dreht sich um!" (Z.17). Der Text bestätigt diese Sicht: Der Protagonist ist „gänzlich unwissend" (Z.15). Erst in der reflektierenden Rückschau weiß der Erzähler besser Bescheid: „[O]hne abzustürzen kann keine einmal errichtete Brücke aufhören Brücke zu sein" (Z.5-6).

Mit der Fortsetzung des Geschehens, dem dritten Abschnitt des Textes (Z.11-19) scheint die Phantasie des Erzählers Realität zu werden. „Er kam" (Z.11), als sei der Ruf erhört worden. Als er da ist, kommt es zum Kontakt: „[M]it der Eisenspitze seines Stockes beklopfte er mich, dann hob er mit ihr meine Rockschöße und ordnete sie auf mir, in mein buschiges Haar fuhr er mit der Spitze und ließ sie, wahrscheinlich weit umherblickend, lange drin liegen." (Z.11-14) Der „Anvertraute[...]" berührt den Erzähler, allerdings nicht direkt, sondern mittels eines Distanz wahrenden „Stockes", bzw. „der Eisenspitze" desselben. Spitzes Eisen ist kalt und potenziell gefährlich. Damit „beklopft[...]" zu werden, wie es dem Erzähler bei diesem ersten Vollzug des ersehnten Kontakts widerfährt, kann nicht angenehm sein, es verursacht Schmerzen. Als Stabilitätsprüfung ist es angesichts des oben beschriebenen Bemühens der Brücke, sich in Form zu bringen, herabwürdigend, genauso wie das Ordnen der „Rockschöße" (Z.12). Auch das Fahren „in [s]ein buschiges [...] mit der Spitze" (Z.12-13) und das „lange drin liegen" Lassen (Z.13-14) dürften unangenehm sein. „[F]uhr" (Z.13) ist hier metaphorisch zu betrachten als ein aggressives Eindringen, das der Erzähler als solches wahrnimmt. Alle drei Spielarten der Kontaktaufnahme, bzw. der Gestaltung der Beziehung seitens des Ankömmlings machen deutlich, dass er der ist, der über ein Objekt verfügen und es benutzen will. Damit steht er nicht im Widerspruch zu den Vorstellungen des Erzählers, denn er will, zumindest in seiner Vergangenheit als „Brücke" ja zu Diensten sein, seinen Zweck erfüllen und so die Sinnlosigkeit des Daseins beenden (s.o.). Entsprechend erfolgt abgesehen von der Metapher „fuhr" (Z.13) kein Hinweis darauf, dass die erfahrene Behandlung eine Abwehr hervorruft. Das Gegenteil ist der Fall. Der Erzähler setzt den Prozess der phantasierten Herstellung von Nähe zum Partner fort und „[...] träumt[...] [...] ihm nach über Berg und Tal" (Z.14). Damit versetzt er sich träumend in die Person des Partners und sieht in seiner Phantasie mit dessen Augen, womit er eine Verschmelzung phantasiert. Das tut er als Objekt des Partners, macht sich damit halluzinativ zum Subjekt des eigenen Handelns, wobei sein Blick der des „wahrscheinlich weit umherblickend[es]" (Z.13) Partners ist, und der auch nur vermutet und imaginiert. Die Realität zeigt seine Abhängigkeit und deutet den Irrtum an, der im Warten auf das Eintreten einer anderen Möglichkeit zur Beendigung der vergangenen Existenz als den Absturz liegt, und damit die Aussichtslosigkeit des Wartens auf die unmögliche Lösung.

Und um dies weiß der Erzähler in der Gegenwart des Schreibens, nicht aber in der Vergangenheit des Geschehens, bis die Wende erfolgt: „Dann aber" (Z.14) steht für den eintretenden Gegensatz zur gerade noch bestehenden Ruhe des Geschehens, die hier zum Ausdruck kommt:„[W]eit umherblickend, lange drin liegen [...]– gerade träumte ich ihm nach über Berg und Tal –" (Z.13-14). Besondere Aussagekraft haben in diesem Zusammenhang die Gedankenstriche der Parenthese, die eine lange Dauer dieses Ruhezustands andeuten. „Dann aber" steht auch für die Rückkehr aus dem Traum in die Realität und für den Beginn des Verstehens, allerdings noch nicht in der Vergangenheit des Geschehens. Die Qualität der halluzinierten Verschmelzung mit dem Partner zeigt sich abrupt mit dessen Sprung „mit beiden Füßen mir mitten auf den Leib. Ich erschauerte in wildem Schmerz, gänzlich unwissend." (Z.14-15). „[E]rschauerte" bedeutet, dass der Erzähler unerwartet die Kontrolle über seine Körperfunktionen verliert, „wild" heißt unkontrolliert, ungezügelt. Die Metapher „in wildem Schmerz" (Z.15) verdeutlicht die Ungeheuerlichkeit des Geschehens, das völlig unerwartet, fern jeder möglich Vorstellung eintritt. Die Sinnesempfindung „Schmerz" selbst wird „wild[...]", was sie eigentlich nicht kann, denn als

Empfindung löst sie Körperreaktionen aus, und offenbart den Ausnahmezustand des Erzählers bis in seine Sinne hinein: All seine Sinne empfinden unkontrolliert und auf unbekannte Weise, sind „gänzlich unwissend" (Z.15), damit neuartig. Der Erzähler will wissen, mit wem er es zu tun hat. Das ist auch neu, denn bisher hat er sich in seine Lage gefügt, die bedingt, dass er nur „in [die] Tiefe" (Z.3) blicken, hören, warten und sein kann. Und er offenbart plötzlich, dass er von unterschiedlichen Arten von Menschen weiß. So fragt er sich, von welcher Art sein „Anvertraute[…]" sein könnte. Mit sieben Fragen nähert er sich der richtigen Antwort an: „Wer war es? Ein Kind? Ein Turner? Ein Waghalsiger? Ein Selbstmörder? Ein Versucher? Ein Vernichter?" (Z.15-16) und vollzieht eine Drehung, um die gültige Antwort zu erhalten, ist dabei ausschließlich Subjekt eigenen Handelns. „Brücke dreht sich um!" (Z.17) ruft der Erzähler in der Gegenwart des Schreibens dazwischen und hebt damit das Außergewöhnliche der Handlung hervor, denn keine Brücke als physikalische Körper kann sich umdrehen, es sei denn durch das Einwirken unkontrollierbarer Naturgewalten. Aber die sind „in wildem Schmerz" (Z.15) am Werk. Auch der Verstand ist nun zielgerichtet aktiv und will Zusammenhänge verstehen.

Damit ist die ersehnte Veränderung erreicht und zwar durch erlangte Eigenständigkeit. Die bisherige Form der Existenz ist gewendet zu etwas Anderem, wenngleich hervorgerufen durch den unvorbereitet erlittenen körperlichen „Schmerz" und die damit verbundene alle bisher wirksamen Existenzgrundlagen beseitigende psychische Erschütterung, die auch die bisherige Identität vollständig auflöst. Der dies repräsentierende gleichzeitig erfolgende Absturz (vgl. Z.17-19) ist Bestandteil dieser Wendung und gleichzeitig das Ende (erneut Zustandspassiv, vgl. Z.18) der vergangenen Existenz des Erzählers, in der er als Brücke den Abgrund überspannt und sich in dieser Spannung zwischen den Polen des Widerspruchs zwischen Isolation und Nähe befindet. Dieser Widerspruch führt in den Abgrund, wenn er nicht mehr ausgehalten wird und die Spannung sich löst und der Erzähler den Abgrund nicht mehr überbrücken kann und „ […] aufhör[t] Brücke zu sein". Die Spannung löst sich durch das Handeln des Erzählers, er „dreht sich um" und folgerichtig „stürzt[…]" er. Ist er nun gestürzt, so hat ihn der Widerspruch „zerrissen und aufgespießt" (Z.18). Im Text sind es die „Kiesel[...]" (Z.19) im „rasenden Wasser" (Z.19). Sie offenbaren in dem ihnen beigefügten Attributsatz (vgl. Z.19) die entsprechenden widersprüchlichen Eigenschaften: Sie sind im passiven Wartezustand des Erzählers „friedlich" (Z.19) und starren ihn an. Friedlich korreliert mit dem Zustand der Isolation, anstarren korreliert mit Nähe. Das Eine bedeutet anstrengendes Warten, das Andere ist tendenziell tödlich. Die Kiesel vereinen beides im eisigen Bach, „dem rasenden Wasser", dem verrückten, unkontrollierbaren, lebendigen und

18

lebensspendes Element, dieser Naturgewalt, in die der Erzähler dank seiner eigenen Naturgewalt stürzt. Letztere hat er nun kennengelernt als positiv, da sie ihn vor dem Peiniger gerettet hat. (Der Erzähler ist nicht tot, er schreibt.) Aber die eigenen unkontrollierbaren Naturgewalten des Körpers haben auch seine fragile vergangene Existenz zerstört. So sind Existenz und Nichtexistenz für den Erzähler identisch, Sein ist so oder so tödlich. Aber man muss sagen: Sie sind es gewesen. Den Ausweg bietet die an sich selbst vollzogene Neuschöpfung als Chronist und Analytiker des eigenen Selbst und seiner Geschichte, was als Indiz für die Identität des Erzählers und des Autors gewertet werden könnte.

Offen bleibt die Frage nach der Identität der „[a]nvertrauten" Partners, des Peinigers. Die Liste der Möglichkeiten: „Ein Kind? Ein Turner? Ein Waghalsiger? Ein Selbstmörder? Ein Versucher? Ein Vernichter?" (Z.16) lässt nur einen Ausschluss zu: Eine Frau kann es nicht gewesen sein, höchstens ein Mädchen, „ein [weibliches, Anm.d.Verf] Kind?", alles sonst ist möglich. Vernichter sind sie in jedem Fall, wobei Kind, Turner und Waghalsiger dies ohne Absicht wären, Selbstmörder und Vernichter aber absichtsvoll. Bemerkenswert wegen der Doppeldeutigkeit erscheint „Ein Versucher?". Er fiele in die Reihe von Kind, Turner und Waghalsiger, wenn er nur etwas ausprobiert hätte. Bedenkt man jedoch die zweite Bedeutung Verführer, so hat man das Indiz für eine beim Erzähler vorhandene Disposition, sich auf den Verführer einzulassen, sei es aus bewusstem Wunsch oder nichtsahnender Naivität. Fakt ist, der gehörte „Mannesschritt" (Z.8) versetzt den Erzähler in Erregung, diese korreliert mit Versuchung, womit die Sehnsucht nach Nähe bestätigt wird und die Erregung die Bereitschaft zur Öffnung für den potentiellen Partner beweist. So kann der Erzähler von einem Selbstmörder verführt und vernichtet werden.

Der Abgrund, von dem er sich zunächst fernhält, wird damit zwangsläufig zum Bestimmungsort seiner Bemühungen, zum unbewussten Ziel und zur unabänderlichen Folge seines am Ende selbstbestimmten Handelns. Er ist ausgeliefert an eine letztlich anonyme Macht, die sein Schicksal bestimmt, an dem sein eigenes Handeln nichts ändern kann und somit wirkungslos bleibt. Die Überwindung dieser Bedingungen erfolgt hier durch Betreten der Metaebene des reflektierenden Schreibens.

Ein Fazit aus den Überlegungen ergibt, dass dem Leser des Textes der Hinweis auf die Möglichkeit gegeben wird, die als sinnlos und ausweglos erlebte eigene Existenz durch Festhalten an der Idee oder dem Gefühl, dass das eigentlich Unmögliche doch eintreten kann, als veränderbar und ihre Bedingungen als überwindbar zu betrachten. Der Text stellt dies auch wegen der Unabweisbarkeit des Bedürfnisses nach Nähe zu anderen Menschen als ebenso zwangsläufig dar wie den damit verbundenen Absturz in das psychische Chaos.

Der Erzähler plädiert für eine Konfrontation mit dem, von dem er sich furchtsam in einer bestimmten Form der Existenz distanziert, was die Vernichtung dieser Form der Existenz zur Folge hat. Er weiß, dass so der Schritt in eine andere Existenzform auf einer anderen Ebene erfolgen kann, da er ihn vollzogen hat, auf eine Ebene des Verstehens, auf der die Bindungen der vergangenen Existenz, bzw. das Festhalten daran gelöst sind und das Individuum zumindest unabhängig und nicht mehr Objekt der Umstände ist. Damit kann der Text als Parabel angesehen werden.

Wenn der Schritt auf eine reflektierende Ebene des Verstehens der Ausweg aus der Form der Existenz, in der alle Möglichkeiten der Aufnahme von Beziehungen die Existenz vernichten, ist, so bietet das Schreiben auch die einzige Möglichkeit zur Herstellung von Kontakt und Kommunikation. So gestaltete Beziehungen vollziehen sich in symbolischer Interaktion und als diese bestimmen sie den Inhalt und die Bedeutung der Parabel „Die Brücke".

Ob Kafka mit der Erzählung nur ein individuelles Schicksal darstellt oder dies verallgemeinernd das Schicksal des Individuums in der Gesellschaft meint, bleibt vom Wortlaut des Textes her offen, wenngleich die Zuordnung der Erzählung zur Literaturform Parabel nahelegt, dass im dargestellten individuellen Schicksal mehr als nur ein Einzelner zu sehen ist. Und manch Leser dürfte sich bei der Lektüre und Auseinandersetzung mit dieser Erzählung im Spiegel sehen.